BLAISE
LE SAVETIER,

OPERA-COMIQUE,

MÊLÉ D'ARIETTES

Par Monsieur S*****

La Musique de M. PHILLIDOR.

A LIEGE,

Chez F. J. DESOER, Marchand Libraire &
Imprimeur, fous ia Tour Saint Lambert.

ACTEURS.

BLAISE,

BLAISINE,

Monsieur PINCE,

Madame PINCE,

PREMIER RECORD,

SECOND RECORD,

BLAISE
LE SAVETIER,
OPERA-COMIQUE.

Le Théatre repréſente une Boutique de Savetier.

SCENE PREMIERE.
BLAISE BLAISINE.
BLAISINE.

QUe cherches-tu?

BLAISE.

Rien.

BLAISINE.

Mais encor.

BLAISE.

Mon chapeau.

BLAISINE.

Ton chapeau? Tu veut ſortir?

A 2

BLAISE

Non, ma femme, non.

BLAISINE.

Comment, non!

BLAISE.

Non, je vais seulement....

BLAISINE.

Hé! tu ne sors pas!

BLAISE.

Air: C'est la façon de le faire.

Non, te dis-je, j'ai trop affaire,
Je ne sors pas, mais Mathurin,
Mathurin avec son compere
M'attend au cabaret voisin.
Hier ils m'ont payé bouteille
De bon vin,
Je veux leur rendre la pareille
Ce matin.

BLAISINE.

Ce matin!

BLAISE.

Oui, ce matin.

BLAISINE.

Tu iras ce soir.

BLAISE.

Je ne peux pas.

BLAISINE.

Pourquoi?

BLAISE.

Ah! pourquoi, pourquoi? C'est aujourd'ui le lendemain de la noce de notre cousin Nicaise.

BLAISINE.

Hé! qu'eft-ce que ça te fait? Tu fçais que je n'ai pas voulu
y aller hier, parc· que nous fommes dans la peine, & qu'il
auroit fallu payer le lendemain.

BLAISE.

Ce n'eft que pour compter, ma petite femme; il y a des ref-
tes, je veux leur aider à faire le compte.

BLAISINE.

Ils ont bien befoin de toi!

BLAISE.

La nôce doit y venir dejeûner.

ARIETTE *en Duo.*

BLAISINE — Hélas! hé - - las,

BLAISE

ANDANTE

BASSO

que je fuis mal-heu - - - reufe! En

Toi! en quoi! en quoi!

A 3

quoi? Ta con-dui-te fa-cheuſe Nous ré-

& oui en quoi!

duit aux extrémi - tés. Nous de -

Quelles ſont ces extrémités?

vens de rous les cô - tés. Hé -

On nous doit de tous les côtés.

las! hé - - las! que je suis mal - heu - - - reuse!

Toi!

en quoi, Ta con - dui - - -

en quoi? en quoi?

Ma con-

- te fà - - cheuse! Nous conduit aux extrémi - -

duite fà - - cheuse! Quelles sont ces extrémi-

A 4

tés? Hé - las! que je suis mal - heu -

tés? On nous doit de tous les côtés.

reuse! mal - - - - heu - - reuse

Toi! en quoi? Co - quine. Toi!

mal - - - heu - - reuse!

en quoi, en quoi,

'Hé - las! hè - las! Nous devons de tous

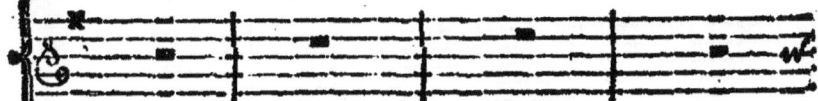

les cô - - tés. Hé - las!

Quelles font ces extrémi - tés? On nous doit

hé - las! Nous devons de tous les cô - tés.

de tous les côtés. On nous doit de tous les côtés.

Mais la bou - chere, La boulan - gere,

le corroy - eur, Son Procureur, Mais la bou - chere,

La boulan - - gere,

Je   ne doit rien au

ca - ba - - ret, Et c'eſt un fait. Et

Mais la bou - chere,

c'eſt un fait.

La boulan - gere, Le corroy - eur, Son Procu - -

reur, Notre hôte, Sans faute, Doit en ce

jour nous faire ex - é - cu - ter, Et peut ê - tre t'arrêt-

ter.

Je ne doit rien au ca - ba-

Mais la bou - chere,

ret. Et c'eft un fait, Et c'eft

La boulan - - gere, Le corroy - eur, Son Procu - -

un fait.

reur, Mais la bouchere, La boulan - gere, Le corroy-

Je ne doit rien au

eur, Son Procu-reur, Notre hô-te, Sans fau-te,

ca--ba-ret, Et c'eſt un fait.

Doit en ce jour nous faire ex-é-cu-ter, Et peut-

Je ne doit rien, Et

ê-tre t'ar-re-ter. Hé--

c'eſt un fait.

las! hé - - - las! que je fuis mal - heu-

- - reufe! Ta con - -

Toi! en quoi! en quoi! Et oui en quoi?

dui - te fâ - - cheufe. Nous ré - duit aux ex - trémités. Nous devons de tous les cô-

Quelles sont ces extrémi - tés?

tés. Hé - las! hé-

On nous doit de tous les cô - tés.

las! que je suis mal-heu - - reuse.

Toi! en quoi! en

En quoi ta con--dui-té fa..

quoi! Ma conduite fa-

cheuse! Nous ré--duit aux extré-mi--tés.

cheuse! Quelles font ces extrémi-tés.

Hé-las! que je fuis mal-heu--

On nous doit de tous les cô-tés.

reufe!　　　　mal - - heu - reufe!

Toi! en quoi! en quoi!　　　Toi!

mal - - - heu - reufe! Hé-

en quoi! en quoi!

las! hé - las! nous devons de tous les cô --

tés.　　　Hé - - las!　　　hé - -

Quelles font ces extrémi - tés. On nous doit de tous les cô-

las ! Nous devons de tous les cô - - tés.

tés.　　　On nous doit de tous les cô - tés.

(Blaifine refte rêveufe ; Blaife tourne en-
core dans la chambre, trouve fon cha-
peau fur l'armoire, fa femme le regarde
aller & dit)

Mais aujourd'hui, malheureux que tu es! on vient nous enle-
ver nos meubles.

B 2

Blaise le Savetier

ARIETTE.

BLAISE

Tiens, ma femme, je te prie,

BASSO.

Ne me donne point du cha - grin, point du cha-

grin. Jouïs - sons au jourd'hui de la vie,

Blaisine.

On peut mou - - rir de faim de faim, de faim.

Blaise.

Jouïssons au jourd'hui de la vie, On peut mou-

Blaisine. ... rir de faim de faim de faim.
Blaise. On peut mou-

rir de faim.

SCENE II.

BLAISE, BLAISINE, UN HUISSIER ET DEUX RECORDS.

UN RECORD, *parlant du nez.*

NOus venons, Monfieur, pour vous exécuter de la part de Monfieur Pince votre hôte.

BLAISINE.

Quoi!

B 2

BLAISE, *contrefaisant le Record.*

Paix: nous venons, Monſieur, pour vous préſenter....

LE RECORD, *plus haut.*

Nous venons, Monſieur, pour vous exécuter de la part de Monſieur, Pince votre hôte, Huiſſier à verge au Châtelet de Paris, & propriétaire de cette maiſon.

BLAISINE.

Hé! bien, je te l'avois bien dit; que je ſuis malheureuſe!

BLAISE.

Morbleu!

QUATUOR.

tent? eſt tu content?

Non, non, mor - bleu,

Peut-tu pay - er, peut-tu pay - er?

Ecri-

Mathurin m'attend.

Peut-tu pay - er, peut-tu pay - er. E - cri-
- vez, é - cri - vez. E - cri-
Non, non, morbleu,

vez, écri - vez. Est - tu pressé de
vez, écri - vez, une ar - moi -
Non, non, morbleu,

boi - - - - re. Eſt

- re, une ar - - moi - re....

Je ne ſuis plus preſſé de boi - - - re?

tu preſ - ſé, de boi-re? eſt

Je ne ſuis plus preſſé de boire.

B 4.

tu pref - fé,   de   boire, de

Je ne fuis plus preffé de boire.

boi - - re.   Hé bien eft-tu con-
Ier. Record

une ar - moire,

Non morbleu,   non mor - bleu.

tent, & bien peut tu pay - er, Eſt-tu preſſé de
IIme. Record   *Ier. Record*

une ar - moire, De bois,

Mathurin m'attend.   Non morbleu,

boire, Eſt - tu preſſé de boi - - re.
IIme. Record

De bois de noy - -

Non je ne ſuis plus preſſé de boi - - re.

re.   Et bien & bien,   peut-tu pay-

er.

re.

er peut-tu pay - er,   Eft-tu content?

Ier. Record   2.e Record

L'é cu moire,   l'é cu

Non mor - bleu,   Mathurin m'at-

peut-tu payer, Eſt-tu content?

moire, Et la, &

tend, Non morbleu, mathurin m'at-

Peut-tu pay - er, Eſt-tu content de boi-

la, Cremail - lier, l'é - cu

tend, Non morbleu, Je ne ſuis

moire & la Cre — mail

l'e - cu moi — — re,

plus preffé de boi — — —

re, Eft - tu pref — fé de boi — —

lier

re,

re,

Je ne fuis plus preffé de

boire, Eſt - tu preſ - ſé, de

boire,   Je ne ſuis plus preſſé de

boire, de boi - re.   Eſt-tu -preſ-

une ar

boire;   Non mor - bleu.

fé de boi

moi re de bois de

une ar - moi -

Je ne fuis plus preffé de boi

re. Hé! bien eft-tu con-
ler. Racord

noy er

re, un tre pied,

re, Non mor bleu.

tent. Et bien peut-tu pay - er, Eſt - tu preſſé de

ler. Record

le 2 Record.

un tre pied caſ - - ſé,

Mathurin m'attend, Non morbleu,

boi - re, eſt-tu preſſé de boi - - re.

2 Record

caſ - - ſé, par un pied.

Non je ne ſuis plus preſſé de boi - - - re,

BLAISE.

Mais que diantre peuvent-ils tant écrire?

BLAISINE.

Hé! tes meubles.

BLAISE.

Ils ne t'écriront pas peut-être.

BLAISINE.

Comment! tu peux rire encor!

BLAISE.

Je ris de colere, car je crois que je les assommerois.

SCENE III.

Madame PINCE.

Ah! vous ne voulez pas payer votre loyer, Ca-

BLAISINE.

Ier. RECORD.

IIme. RECORD.

BLAISE.

BASSO.

nailles que vous êtes! Vous faites Des dettes, Sans travailler:

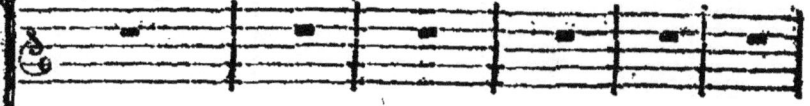

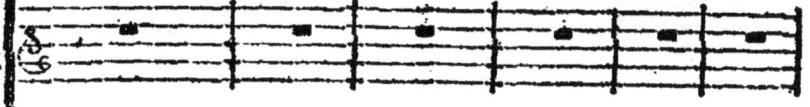

Sur vo - - tre porte à babiller, à babiller, à babil-

ler, Vous paſ - ſez tout   le jour comme un Prince com. un

Prince comme un Prince à babiller, à · babiller,   à babiller, Ca - nail-les, canailles, ca-

Ma - da - me Pince,

Ma - da - me Pince,

nailles, canailles. Tout le jour comme un

Ma - da - me Pince,

Ma - dame Pince,

Prince, comme un Prince, com. un Prince,

Ma - da -

Ma-

comme un Prince, comme un Prince.

me Pince, Ma - da -

dame Pince, Ma-

A babil-ler, a babil-ler,

me Pince, Ma-da-me

dame Pince, Ma-da-me

Canailles que vous êtes vous fai-tes des dettes sans

Pince, Donnez-nous du

Pince, Donnez-nous du

tra - vail - ler : Sur vo - tre porte a babil - ler a babil-

tems.

tems.

ler, Vous paffez tout les jour comme un

Ma - da - me Pince, Donnez-

Ma - da - me Pince, Donnez-

Prince, à babiller ba - biller babiller comme un Prince,

nous du tems. Ma-

nous du tems. Ma-

Tout le jour comme un Prince, à babiller babiller babil-

da - - - me Pince, du

da - - - me Pince, du

ler, Ca - nailles canailles ca - nailles canailles. Ah

tems. Ma - - da - - me Pince,

tems. Ma - - da - - me Pince,

vous ne voulez pas pay - er votre loy - er,

Donnez - - nous du tems.

l'Esca-

Donnez - - nous du tems.

Oui, tout i-

beau, La lampe & le tré - teau.

Et le tré - teau.

ra fur le carreau, Oui tout i - ra fur le carreau.

Ma -

Ma -

Blaise le Savetier

Tout le jour comme un Prince comme un

da - me Pince.

une ar - - moi - -

da - me Pince.

Prince,

Tout le

Ma - da - me Pince.

re. De bois de noyer.

Ma - da - me Pince.

jour comme un Prince comme un Prince.

De bois de noy-

Tout le jour à bailler comme un

du tems du tems.

er,

du tems du tems.

Prince comme un Prince. Non, non de l'ar-

du tems du tems.

du tems du tems.

gent, Et con - tant & contant. Cent E - cu, c'est la

fomme du billet, & le courant : C'est ce qu'il faut à no-

tre homme c'est ce qu'il faut à no - tre homme.

Ma - dame

Ma - dame

de l'argent, de l'argent,

Pince   du   tems.   Ma - dame

Pince   du   tems.   Ma - dame

Et content & content.   Non, non de l'ar-

Pince,   du tems du tems.

Pince,   du tems du tems.

geur, & con - tent & content. Cent E - cus, c'est la

- tem l'Esca - - beau, la

somme du bil - let, & le courant: C'est ce qu'il faut à notre

lampe te tré - teau.

D

homme.   de l'argent, de l'argent.

Ma - dame Pince,   Du

Ma - - dame Pince,   Du

Cent E - cus, cent é - cus.   Non,

tems du tems,   du tems.

tems du tems,   du tems

non de l'argent & content & content cent é - cus eft la

du tems du tems du

i - - tem u - - ne moi -

i - - - tem u -

du tems du tems du

fomme du billet & le contant c'eft ce qu'il faut à notre home.

tems du tems du tems

- tié de ri - deau, de ri - deau.

ne moi - - tié de ri - deau.

tems du tems du tems

Le voi-ci qui va venir; Vous n'avez qu'à vous bien tenir.

Ma-

Ma-

Non, non de l'argent & con-

da - me Pince,

i - - tem

da - me Pince,

tent & content cent é - cus, & la somme du bil-

du tems du tems

l'Esca - - beau, La lampe

i - - tem l'Esca - - beau,

du tems du tems

let, est le courant : C'est ce qu'il faut à notre homme. Le voi-

du tems du tems.

& le tré - - teau.

La lampe & le tré - teau.

du tems du tems.

ci qu'il va venir ; Vous n'avez qu'à vous bien tenir. Le voi-

Don-

U -

U -

Don-

ci qu'il va venir ; Vous n'avez qu'à vous bien tenir.

nez nous du tems.

ne moi - tié de ri - deau.

ne moi - tié de ri - deau.

nez nous du tems.

SCENE IV.

BLAISE, BLAISINE.

BLAISINE.

AH! Blaise.

BLAISE.

Ah! Blaisine, ah! j'enrage.

BLAISINE.

Au bout de six mois de ménage.
Voir vendre sur le carreau
Et mes meubles & mon trousseau!

BLAISE.

Ah! j'enrage.

ARIETTE. ANDANTE

BLAISINE.

Lorsque tu me faisois l'Amour,

BASSO.

Qu'à tu pro - mis à ma mere? Ma pauvre

me - re! Ma pauvre me - re? Lorsque tu

me faisois l'Amour, Qu'à tu promis à ma

mere ma pauvre me - re ma pauvre mere!

Lorsque tu me faisois l'Amour, Qu'à tu promis à ma me - re, Qu'à tu promis à ma me - re.

ALLEGRO.

Tu lui di - fois, Tu lui di - fois,

Oui, ma commere, Oui, ma comme - re, Je vous

jure que tout le jour, Je refte - - rai dans

la boutique à tra - vailler, à travail - ler, Et

votre fille i - ra chez la pratique, Se faire pay -

er. C'est au rebours, Tu cours, tu cours tu cours tu cours tu

cours tu cours tu cours tu cours tu cours tu cours tu

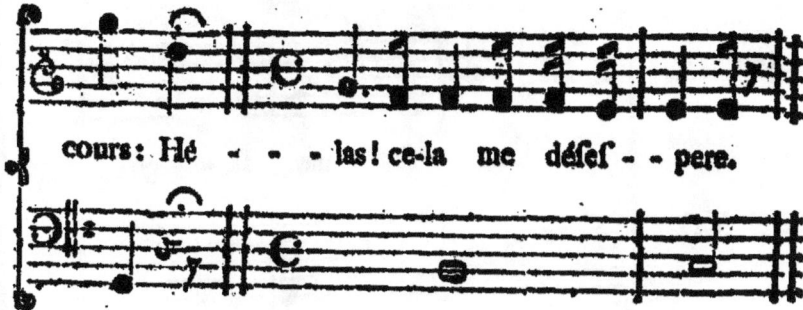

cours: Hé - - -las! ce-la me défef - - pere.

BLAISE.
C'eft vrai, j'ai tort.

BLAISINE.
Eft-ce au mari à l'avoir?

BLAISE.
Allons, je ne fortirai pas, je vais me mettre à travailler.

BLAISINE.
Il eft bien tems.

BLAISE.
Mais Mathurin,

BLAISINE.
Hé bien?

BLAISE.
Dis-lui que je n'irai pas.

BLAISINE.
Allons, j'y cours.

BLAISE.
Ecoute, écoute, fi j'y allois, moi.

BLAISINE.
Pour lui dire que tu n'iras pas?

BLAISE
Tu a raifon; mais il nous prêteroit peut-être de l'argent.

BLAISINE.
Bon! les amis de bouteille!

BLAISE.
Pourquoi non?

BLAISINE.

Une fem - me sa - - ge,

BASSO.

Doit parta - - ger les cha - grins du mé -

- na - - ge, Et sou - la - ger même un é - -

- poux vo - la - ge, Une fem - me

fa - ge, Doit parta - ger les chagrins du mé-

- na - - ge, Et fou - la - ger, fou - - la - -

- ger même un é - poux vo - la - -

ge,

Et fou - la - ger, fou - la - ger

même un é - poux vo - la - - - - - -

- - - - - - ge; Une fem - - me

fa - ge, Doit parta - - ger les chagrins du mé - nage, Une fem - me fa - ge,

Doit parta - - ger les cha - grins du mé-

na - ge, Et fou - la - ger même

un é - poux vo - la - ge, Et fou - la -

ger,   & fou - la - ger   même

un é - poux vo - la - - - - -

- - - - - - ge,   & fou - la -

- ger fou - la - ger,   même un - é - poux

vo - la - - - - - ge.

BLAISE.
Ma petite femme ne te mets pas en colere,
me pardonnes-tu?

BLAISINE.
Il m'est bien force.

BLAISE.
Mais que faire?

BLAISINE.
Que devenir?

BLAISE.
Je fçais bien d'où cela vient.

BAISINE.
Et moi auffi.

BLAISE.
C'eft un tour de Madame Pince.

BLAISINE.
C'eft un tour de Monfieur Pince.

BLAISE.
De Madame.

BLAISINE.
De Monfieur

BLAISE.
De la fémme ; je te dis.

BLAISINE.
Non, du mari ; tu ne fçais pas que Monfieur Pince
m'a aimée & m'aime encore.

BLAISE.
Mais tu ne fçais pas, toi, que Madame Pince m'aimoit.

E

BLAISINE.

Toi.

BLAISE.

Oui, qu'avant leur mariage & le nôtre,.....

BLAISINE.

Mais moi, pendant deux ans.

BLAISE.

Mais moi, pendant six mois.

BLAISINE.

Il venoit chez nous.

BLAISE.

Elle m'attiroit chez elle : & plus de cent fois.....

BLAISINE.

Et moi plus de mille; alors il ne m'appelloit pas Blaisine, il m'appelloit Mademoiselle Margot, & toujours le
chapeau bas. Ah! il me vient une idée; cache-toi, cache-
toi : il va venir. je crois que le voici; oui, oui, cache-toi,
& laisse-moi faire.

SCENE V.

BLAISINE, M. PINCE,
BLAISE caché.

ARIETTE.

BLAISINE.

Ah! le scélé - rat, le scélé-

rat, Il me frappe & s'é - chape. Ah! le scélé-

rat! Il me frappe il me bat il me bat il me

bat il me bat.   Ah! le fcélé-rat! Il me frape, Il s'é-

chappe.   Ah! le fcélé-rat! Il me frappe, Et s'échappe.

Il me bat il me bat.   Le fcélérat!   il me

bat il me bat. Ah! le fcélérat le fcélé - rat! Il me

frappe, & s'échappe. Ah! le fcélé-rat, le fcélé-

rat il me frappe, & s'échappe. Il me bat il me

bat il me bat il me bas. Ah! le fcélé - rat!

Ah! le fcélé-rat! Il me bat il me bat il me

frappe, & s'é - chappe.   Il me bat il me bat.

le fcélérat!   Il me bat il me bat.

La co - le - re, Me fug - gere, De me venger de me ven - ger, D'un mari qui fçait m'outra-

ger, d'un mari qui fçait m'outra - ger. -S- *Da Capo.*

M. PINCE.

Hé bien !

BLAISINE.

Me battre, m'assommer ! & mes meubles vont être vendus !

M. PINCE.

Hé bien ! hé bien !

BLAISINE.

Ah ! que n'écoutois-je mon ami Pince ? il auroit fait ma fortune ; je l'aimerois, il m'auroit aimée.

M. PINCE.

Elle parle de moi.

BLAISINE.

J'aurois mieux valu que la femme qu'il a.

M. PINCE.

C'est vrai , c'est vrai.

BLAISINE.

Je l'aimerois tant.

M. PINCE.

Elle m'aimeroit! Mademoiselle Margot.

BLAISINE *faisant la pleureuse.*

Ahi! ahi! ahi!

M. PINCE.

Mademoiselle Margot.

BLAISINE.

Ah! vous voilà, Monsieur, je suis votre servante.

M. PINCE.

Qu'avez-vous à pleurer?

BLAISINE.

Je ne pleurois pas; ahi!

M. PINCE.

Ah! vous pleuriez, vous pleuriez; qu'avez-vous

BLAISINE.

Il m'a assommé de coups.

M. PINCE.

Ah! le misérable! Si vous vouliez, si vous vouliez m'écouter.

BLAISINE. *pleurant.*

Ahi! ahi!

M. PINCE.

Je ferois votre bonheur, & vous feriez le mien

BLAISE *caché.*

Ah! le vieux coquin.

M. PINCE.

Hin.

BLAISINE.

Hin, hin. Je n'entends pas ce que vous voulez dire

M. PINCE.

Je ferois votre bonheur, & vous feriez le mien.

BLAISINE.

Je n'entends pas; ahi! ahi!

M. PINCE.

Vos meubles.....

BLAISINE.

Hé bien! mes meubles!

M. PINCE.

Vos meubles resteroient.

BLAISINE.

Voyez mon bras; il est tout noir.

M. PINCE.

Ce que vous dites noir, je le vois fort blanc: ah! qu'il est beau (*Il veut le baiser.*)

BLAISINE.

Ah! ah! finissez.

M. PINCE.
Peut-être le billet.....

BLAISINE, *montrant sa main.*
Ah! ah! voyant un autre coup.

M. PINCE.
C'est vrai, cela me paroît gros. (*Il y porte la sienne*

BLAISINE.
Ahi, ahi, vous me faites mal.

M. PINCE.
Que d'appas! Tenez, Mademoiselle Margot, je vous rends le billet si..... (*Ici Blaisine le regarde d'un coup d'œil indécis, qu'il prend pour de la colere.*) Ne vous a-t-il fait que cela? montrez-moi donc tout ce qu'il vous a fait. Je crois appercevoir une marque.

BLAISINE.
Oui, j'en dois avoir encore une.

ARIETTE.

BLAISINE.

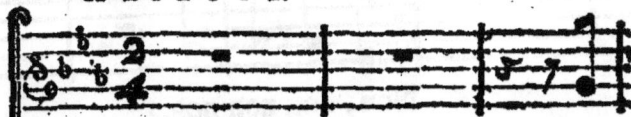

ALLEGRO.   Au

Mr.
PINCE.

Ou donc,   ou donc.

BASSO.

cou - - de.   Non, non non

Hé bien ! voyons voyons.

non.   Non, non non non.

Pourquoi, Blai - fi - - ne, ces foupçons? Laif-

Non, non non non.

fez, laif - fez. Laif - fez, laif -

Ah! c'eft fen - fi - ble.

fez. Sçavez vous que

Ah! c'eft fenfible, c'eft fen-

'Blaife eft ter - rible, Blaife eft ter - rible ter.

fible.   Ah! c'eft fen - fible, fen - fible fen -

rible.   Sçavez vous que Blaife eft terri - ble ter-

fible c'eft fen - fi - ble.

ri - ble ter - ri - ble.   Laif - fez laif -

Non, non non non non non non non.

fez.   Pourquoi, Blaife ces foup-

Ah! c'eſt ſen - ſi - ble, ah! c'eſt ſen -
çons. Sçavez vous que Blaiſe, ſçavez vous que
ſible, Ah! c'eſt ſen - ſible, ſen - ſible ſen-
Blaiſe, que Blaiſe eſt ter - rible, terrible ter-
ſible c'eſt ſen - ſi - ble.
- ri - ble ter - ri - ble. Laiſ - ſez laiſ. -

Ah! c'eft fen - fible, c'eft fen - fi - -

fez, Blaife eft ter - rible, ter - ri - -

ble. Au cou - - - -

ble. Où donc où donc.

de. Non, non non non.

Hé! bien voyons. Pourquoi, Blaifine ces foup-

Ah! c'est sen - sible, ah!

çons. Sçavez vous que Blaise,

c'est sen - sible, sen - sible sen - sible

est ter - - rible, ter - rible ter - rible.

Ah! c'est sen - sible, sen-

Sçavez vous que Blaise, est ter - rible, ter-

fible fen - fible.   Non, non non

rible ter - rible. Laif - fez laif - - fez,

non.   Non, non non non.

laif - - fez laif - - fez   laif -

Ah! c'eft fen - fible,   ah!

fez laif - - fez   fçavez vous que Blaife,

c'est fen - fible,   ah !   c'eſt fenſible fen-

ſçavez vous que Blaiſe, que   Blaiſe eſt ter - rible, ter-

fible fen - fible, c'eſt fen - fi - ble,

rible ter - ri - ble ter - ri - ble. Laiſ-

Non, non non non.

fez laiſ - - fez,   Laiſ - - fez laiſ-

Non, non non non. Ah!

- - fez, laif - fez laif - fezi

c'eft fen - fible, ah! c'eft fen - fible, ah!

Sçavez vous que Blaife, sçavez vous que Blaife que

c'eft fen - fible; fen - fible fen - fible,

Blaife eft ter - rible, ter - rible; ter - ti - -

F

c'est sen - si - - ble.

ble ter - ri - - ble.

Tenez, Mademoiselle Margot, prenez votre billet :
nous sommes seuls, prenez votre billet ; je vous de-
mande seulement ... seulement que vous ayez pour votre petit serviteur .....

BLAISINE.

Vous vous moquez de moi, M. Pince : un homme
comme vous !

M. PINCE.

Pourquoi, pourquoi?

BLAISINE.

Un Huissier à verge !

M. PINCE.
Oh ! je ne suis pas fier, moi.

BLAISINE.

Ah ! vous ne m'avez jamais aimée.

M. PINCE.

Quoi ! moi ? Ah ! je vais bien vous prouver le
contraire ; cette affaire d'aujourd'hui, par exemple,
j'ai fais souffler l'assignation, j'ai obtenu prise de corps
contre votre mari ; je voulois le mettre en prison, ma
femme vouloit que ce fût vous ; mais outre que cela
ne se peut pas, je ne l'ai pas voulu. Ah ! Madame
Baisine ! Ah ! Mademoiselle Margot !. Tenez, voilà
le billet, prenez, prenez.

Il met le billet dans la main de
Blaisine qu'il tient.

BLAISINE.

Non , je veux payer.

M. PINCE.

Vous être la maîtresse du payement.

BLAISINE.

Non , non.

M. PINCE.

Prenez , je vous en prie , je vous en prie.

BLAISINE *faisant la pleureuse.*

Votre femme doit revenir .. ir ... la porte ... je
vais la fermer .. er ... les voisins .. ins ... votre femme ...
la porte .... mon mari .... attendez.

ARIETTE. MAJESTUOSO.

Mr.
PINCE.

l'Argent seul fi - xe le ca-

BASSO.

pri - ces,   l'Argent seul sçait donner la

loi,   la loi,   la loi.   l'Argent

seul fi - - - xe le ca - price le ca - price le ca-

pri - ce. l'Argent seul sçait donner la

loi, la loi, la loi. Ah! quels mo-

ment! ah! quel dé - lice! Ah! que de plaifirs j'entre - voi! Hier fa - rou - che, au-

jourd'hui toute à moi. Hier fa - rou - che, au-

jourd'hui toute à moi. Ah! quels momens!

que de plaifir j'entre - voi! Ah! quel dé -

lice quel dé - lice quel dé - lice! Hier fa - rou-

che, au - jourd'hui toute à moi, Hier fa..

rou - che au - jourd'hui toute à moi.

Da Capo.

BLAISINE. *s'avance pendant le cours de l'Ariette, trouve ſon mari qui vient pour frapper M. Pince; elle le repouſſe, le force de ſe cacher & s'écrie:*

O ciel! voici mon mari: il ne ſera ici qu'un inſtant, il va deux lieues d'ici chercher de l'argent; mettez-vous dans cette armoire: s'il vous trouve ici, il vous tuera.

M. PINCE.

Où! où, mais, ſi.....

BLAISINE.

Hé! vîte, hé! vîte.

M. PINCE, *revenant pour prendre sa canne & son chapeau.*

Mais, mais.....

(Blaisine l'enferme.)

SCENE VI.

BLAISE, BLAISINE,

M. PINCE, *dans l'armoire.*

BLAISE.

VAs vîte chercher sa femme.

BLAISINE.

Mais.....

BLAISE.

Ne t'embarasse pas.

(Blaisine va pour sortir & revient sur ses
pas pour repondre à Blaise qui dit:)

Pourquoi es-tu si longtems à m'ouvrir?

BLAISINE.

Je ne m'attendois pas à vous voir revenir.

Blaise commence l'Ariette suivante en lui faisant signe de s'en aller : elle reste dans le fond du Théatre jusqu'à, réponds, réponds: non mon ami; pour lors elle comprend la ruse de Blaise & sort en riant.

SCENE VII.

BLAISE. & M. PINCE, *dans l'armoire.*

ARIETTE. MODERATO.

BLAISE

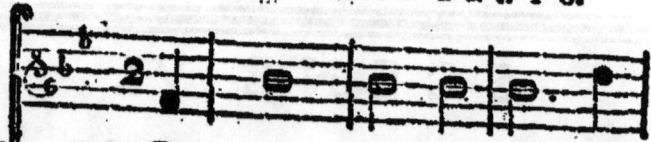

Cet air in - ter - dit Me

BASSO.

dit, Co - - - quine, co - - - qui - ne, Que

daus ces lieux que daus ces

lieux,   à   la   four - di -

ne, En l'ab - fence de ton ma - - ri,

à   la   four - di - ne, Tu re-

çois un fa-vo - - ri, un favo - ri, un favori.   A la sour - di -

ne re - çe - voir un fa - vo - ri, Ré -

En faußet.

ponds, réponds, réponds : Non, mon   a -

En faußet

mi, un favo - ri un favo - ri. Non, mon

a - mi. Tiens, voilà pour ton démen - ti :

Blaißne fort en pleurant.

Hi, hi, hi, - - - - hi, hi,

hi, - - - - - N'eſt - il pas ca-

ché ſous ce lit? Hi, hi, hi, - -

hi, hi, hi,

Si je te trouve dans mon dé-pit, Je veux l'affom-

mer fur la place, Point de grace, point de grace.

N'eft-il pas là, n'eft-il pas i-ci? n'eft-il pas

là, n'est-il pas i - ci? Hi, - -

Tu voudrois m'en faire ac - croire! Donne-moi

la clé de l'ar - moire. Donne-moi la clé de l'armolle. Donne donne donne donne,

Hi,

Je me mo-

que de tes larmes; Tes pleurs ont des

charmes pour moi. Quoi! quoi! Tu vou-

drois m'en faire ac - croire! Tu voudrois m'en faire ac-

croire! Donne-moi la clé de l'ar - moire. Donne-

donne donne donne donne-moi la clé de l'ar-

- moi - - re,   Tu voudrois m'en

faire ac - croire!   Tu voudrois m'en faire ac - croire!

Donne-moi la clé de l'ar - moire: Donne donne

donne donne Hi,

En faifant femblant de fe moquer.

hi,

hi,

Je me

mo - que de tes larmes tes pleurs ont des

... charmes pour moi. Quoi! quoi! Tu vou-

drois m'en faire ac - croire Tu voudrois m'en faire ac-

croire: Donne-moi la clé de l'armoire: Donne

donne donne donne Je ne l'ai

pas, je ne l'ai pas. Tu ne l'a

pas, tu ne l'a pas. Mais c'est trop ba - lan -

cer, Pour l'enfoncer, Je vais là - haut pour l'enfon -

cer, je vais là-haut chercher une maſ-ſue; Si

tu ſort d'ici, je te tue.

Blaiſe fait ſemblant de ſortir, frappe à la porte de l'armoire, & contrefaiſant ſa voix.

Monſieur Pince, Monſieur Pince, je ne ſçais que devenir il va deſcendre.

M. PINCE.

Ouvrez-moi, Madame Blaiſine, ouvrez-moi.

BLAISE.

J'ai jetté la clé derriere le coffre, vous n'avez qu'une choſe à faire.

M. PINCE.

Hé quoi! dites donc, dites donc.

BLAISE.

De vous recommander au Ciel.

M. PINCE.

O ciel! ô ciel! maudite armoire! Ah! ſi j'euſſe....

BLAISE.

Paix, paix : le voilà qui revient avec ſa maſſue.

SCENE VIII.

BLAISE, BLAISINE,

M. PINCE, *dans l'armoire.*

BLAISINE.

Elle me fuit.

BLAISE.

Oh! tu ne veux pas me donner la clé de cette armoire où est caché ton favori. Enfonçons, enfonçons.

BLAISINE.

Hé, mon ami! hé, mon ami! je vais vous dire la vérité.

BLAISE.

La vérité ?

BLAISINE.

La vérité.

BLAISE.

Mais prends garde à la vérité que tu vas me dire.

BLAISINE.

Oui, mon cher ami. Monsieur Pince.....

BLAISE.

Mr Pince, hé bien ?

BLAISINE.

Hé bien! cet honnête homme qui faisoit vendre nos meubles est venu; il a trouvé que je pleurois.

BLAISE.

Hé bien ?

BLAISINE.

Hé bien! il m'a parlé ; il m'a parlé il m'a dit comme ça que.... il ne vouloit avoir affaire qu'à moi les-femmes ſont plus douces & moins trompeuſes.

BLAISE.

Hé bien?

BLAISINE.

Hé bien! je l'ai payé?

BLAISE.

Payé, comment payé?

BLAISINE.

De tes épargnes, & voilà notre billet.

BLAISE.

C'eſt bon, c'eſt bon ; & cet homme qui eſt dans cette armoire?

BLAISINE.

Ce n'eſt pas moi qui l'y ai mis.

BLAISE.

Il y en a donc un?

BLAISINE.

Oui, mon ami ; je ſçavois que vous vouliez vendre cette armoire.

BLAISE.

Hé bien?

BLAISINE.

Hé bien! je l'ai propoſée à Monſieur Pince qui s'eſt enfermé dedans pour voir ſi elle fermoit bien.

BLAISE.

Eſt-ce là la vérité?

BLAISINE.

Oui, mon ami ; demandez plutôt.

M. PINCE.

Oui, mon cher Monſieur Blaiſe, oui c'eſt la pure vérité.

BLAISE.

Je te pardonne donc en faveur de la pure vérité. Vous pouvez ſortir, Monſieur Pince, ne craignez rien.

M. PINCE.

Je le voudroit bien, c'eſt que.....

BLAISE.

Quoi?

ARIETTE

BLAISINE.
Mon fils, le

M. PINCE. Le ressort est, je crois mê-lé.

BLAISE.

ressort est mê - - lé.

Par î - ci passez-moi la

La clé?　　　　　La clé,

La clé,　　　La clé,

clé,　　La clé,　　La clé. He! oui la

La clé, la clé la clé la clé

La clé, la clé la clé la clé.

clé la clé la clé la clé la clé la clé la clé la clé la clé. Par i-ci

La clé, la

La clé, la clé

paſſez-moi la clé, la clé. Hé! oui, la

clé la clé la clé la clé la clé.

la clé la clé la clé la clé la clé.

clé morbieu la clé la clé la clé la clé la clé la clé la clé.

Je trem - - - -

Je ne l'ai pas. Je trem -

O Ciel!

Ah! vs. vs. entendez en -

femble vous vs. entendez en - femble vous vs. entendez en -

semble vous vous entendez ensemble vous vs. entendez en-

-b.e.

-ble   Le ressort.

-sem   -ble.

Mon fils le   ressort, est mê-

est je crois mê - lé.

lé.   La clé,

La

Par i - - ci passez-moi la clé.

La clé,   la clé

clé.   la   clé   la

La clé? Hé! oui, la clé,   la clé morbleu la

la clé   la clé   la

clé   la clé,   La clé. la

clé. Hé! oui, la clé, Hé! morbleu la clé, la clé la

clé la clé la clé la clé.

clé la clé la clé la clé.

clé la clé la clé la clé la clé la clé la clé.

Je trem -

Je ne l'ai pas. Je

O Ciel!

trem -

Ah! vous vous entendez ensemble, vous vous entendez enble.

ble. Je

semble vous vous entendez en - sem - - ble.

Je trem

trem

Ah ! vous vous entendez en-

- ble.

ble.

semble vous vous entendez ensemble.   Par i-ci

La clé, la

La clé, la clé

paſſez-moi la clé, morbleu la clé la clé la clé mor-

clé, la clé la clé la

la r'é la clé la

bleu la clé la clé. morbleu la clé la clé la clé morbleu la

clé la clé la clé la clé la

clé la clé la clé la clé la

clé la clé la clé, morbleu la clé la clé la clé la clé la

clé la clé la clé la clé.

clé la clé la clé la clé.

clé la clé la clé la clé la clé la clé.

Ah! coquine, tu m'as trompé; je ſçavois bien qu'il
y avoit quelque choſe là-deſſous; je veux t'écraſer ſur
la place. (*tout bas.*) Fuis-t'en, voici Madame Pince.

SCENE IX.

BLAISE. Mr. PINCE, Me. PINCE.

Mr. PINCE.

MOn cher Monſieur Blaiſe je vous dirai que ....
(*Il ſe cache dans l'armoire, ſitôt qu'il entend ſa
femme, qui parle,*

Mde. PINCE.

Hé! bien, vous voulez donc payer ?

BLAISE, *à part.*

Cette glorieuſe!

Mde. PINCE.

Je n'ai pû trouver mon mari.

BLAISE.

Et quand je te fais careſſe, c'eſt à toi d'y répondre.

Mde. PINCE.

Blaife, Maître Blaife.

BLAISE.

Oui, à toi, à toi, trop d'honneur. Ah! Madame, bon jour ; vous le fçavez, Madame Pince, que je pouvois époufer des femmes qui valoient cent fois mieux qu'elle; mais il faut être difcret, & ne jamais nommer perfonne.

Mde. PINCE.

Ah! c'eft vrai. Enfin M. Blaife vous voulez donc terminer?

M. PINCE.

Oui, Madame, j'ai payé à votre mari, & voilà mon billet. Cette coquine !

Mde. PINCE.

Tredame, Maître Blaife, vous êtes donc bien riche. C'eft bien, c'eft bien.

BLAISE.

Que diriez-vous d'une femme …? Ah! Madame Pince, j'ai bien du chagrin.

Mde. PINCE.

En quoi?

BLAISE.

Du dépit.

Mde. PINCE.

Pourquoi?

BLAISE.

Du regret.

Mde. PINCE.

Hé! de quoi s'agit il, mon pauvre Blaife?

BLAISE.

Vous m'avez autrefois témoigné de la bonne volonté; enfin n'en parlons plus. Je fouhaite que vous foyez heureufe avec votre mari; j'en fuis bien puni. Que diriez vous d'une femme? ….

Me. PINCE.

De la vôtre?

BLAISE.

Hé! de qui donc?

Me. PINCE.

Hé! que vous a-t-elle fait?

BLAISE.

Dites ce qu'elle ne me fais pas. Madame Pince, on est jeune, on est careffant; je fuis toujours à lui faire mille amitiés, fi je me croyois, je lui en férois toute la journée. A l'inftant même ... mais elle me rebute, elle me repouffe, elle m'envoye promener; c'eft bien chagrinant, Madame Pince, & je fuis bien sûr que vous ne faites pas comme cela avec Mr. Pince.

ALLEGRO.

Mr. PINCE.

Ah! le pauvre homme, ah! le pauvre homme, Il na pas fon pareil à Pa-ris, Sa froi-deur maf---fome,

BASSO.

C'est le plus sot des maris, le plus sot des maris.

En baillant.

Ah! ah! le pauvre homme, c'est le plus

sot, c'est le plus sot des maris, c'est le plus

sot, c'est le plus sot des maris. Ah! le pauvre

homme, ah! le pauvre homme. Il n'a

pas son pa - reil à Pa - ris, Sa froi-

deur maſ - - - ſomme. C'eſt le plus ſot des ma-

ris. Sa froi - deur maſ - ſomme,

c'est le plus fot des maris, le plus fot des maris.

Ah!   ah!   le pauvre homme, c'est le plus

fot,   c'est le plus fot des maris,   c'est le plus

fot, c'est le plus fot des ma-ris. Le pau. home. le pau.

homme, le pauvre homme, le pauvre homme.

Quand je m'ap-proche, * Il me re - proche que

je fuis toujours près de lui. Il me re - poufe, il me re -

poufe, Et puis il touffe hou hou hou hou

* Pendant cette Ariette Blaife attire Madame Pince du côté de
l'armoire, & Mde Pince, qui fe trompe dans fes Idées, ramene
Blaife fur le devant du Théatre; il répete avec elle, *Ah! le pauvre homme!* en regardant l'armoire.

houſſe. Je ne puis a - vec lui, mou - rir que d'en-

nui. Il me re - - pouſe, il me re-

pouſe. Et puis il touſſe hou hou hou hou

houſſe. Je ne puis a - - ves lui, mou-

tir que d'ennui.　　*Da Capo Al Signo.*

B L A I S E.

Comme j'aimerois une femme comme vous! Ah!
fi votre mari mouroit ...

Me. P I N C E.

Il ne peut pas vivre longtems; il a un afthme.

B L A I S E.

Il a un afthme! Ah! s'il mouroit.

Me. P I N C E.

Hé! bien, mon pauvre Blaife!

B L A I S E.

Comme je vous épouferois!

Me. P I N C E.

Et ta femme?

B L A I S E.

Ah! elle mourrois auffi; je la connois.

Me. P I N C E.

Tu m'épouferois?

B L A I S E.

Et vous, Madame Pince

Me. P I N C E.

Ah! ne t'ai-je pas toujours aimé? je t'aime encor,
Quelle certitude en veux-tu, mon cher Blaife?

S C E N E X.

Mr. PINCE, BLAISE. Me. PINCE.

B L A S I N E.

(*M. Pince donne un coup de pied dans l'armoire,*
& en fort.

Me. P I N C E.	B L A I S E.
Oh! Ciel!	Oh! Ciel!

QUATUOR.

Mr. PINCE *à ſa femme.*

Ah! grands Dieux! ah! grands Dieux! puis-je le

Me. PINCE, *à Blaiſe.*   Ah! grands Dieux! puis-je le

(*Blaiſe.*)

croire? puis-je le croire? Peux-tu me tendre

croire? Puis-je le croire?

un ap - - - pas.

Blaise a pour toi des ap - - -

(*à son mari,*)

Oui, je voudrois ton tré - pas.

Tu de -

A - me noire cet - te noire,

fires mon trépas, tu de - fires mon tré - pas.

Prouve ton maudit tracas. Oui, je voudrois ton tre-

A - me

pas, oui je voudrois ton trépas,   oui, je voudrois

noire,   De   l'ar - moire, j'é-coutois tous

En riant.   Ah! - - - -

ton tré - pas.

ce tra - cas.

- - - - - Ah! grands Dieux! puis - je le

croire,   puis-je le   croire. Ma femme à quel-

que ap - - - pas, Sans at - tendre mon tré-

Oui, je voudrois ton trépas, oui je voudrois ton tré-

Puis - je le croi - - -

pas. A - me noi - re dans l'ar - -

pas.

En riant.

Ah! - - - -

re, Blaife à pour toi des ap - pas.

moire, Tu mé - di - tois tes é - bats.

Puis-je le

Ah! grands Dieux! puis-je le croi-re, puis-je le

puis-je le

Ah! -

croire.

croire. Blaise a pour toi des ap - pas.

croire.

Oui, je voudrois ton tré

vous de - fires mon tré - pas. A - me

Blaife à pour toi des ap - pas.

Ah!

pas, oui je voudrois ton tré - pas.

noire, Cette ar - - - moire, Me ven-

Ma femme

A - me noire,

ge de ce tra - cas.

Tu defires mon trépas.

à quel - que ap - pas.

Oui, je vondrois ton trépas.

A - me noire,

A - me noire,

Sans attendre mon trépas.

Peut-tu me tendre un ap-

vous defires mon trépas.

A - me noire.

pas. Oui, je voudrois ton trépas. Oui, je voudrois ton tré-

Ah! - - - -

Blaife a pour toi des ap--

Ah! - - - -

pas. A - - me noi - re. Cette ar - -

pas. Tu de-fires mon trépas, tu de - fires mon tré-

moire prouve ton maudit tracas, prouve ton maudit tra-

Ah! - - - - -

pas. Blaife a pour toi des ap -

Sans attendre mon trépas, fans attendre mon trécas. A - me noire, Cette ar - moire

- - A - me noire, Cette ar - moire

pas:

pas:

Prouve ton maudit tra - cas

Me ven - ge de ce tra - cas

A - me noire,

Ah! - - - A - me noire,

tra-

tra-

De l'ar - moire, j'é - coutois tous ce tra-

Dans l'ar - moire Tu me - ditois ton tré-

cas. A - me noire, Cette ar - moire

cas. A - me noire, Cette ar - - moire

cas.

pas.

Prouve ton maudit tra - - cas.

Me ven - ge de ce tra - - cas.

A - me noire,

Ah! - - - A - me noire,

- - - - - - tra -

- - - - - - - tra -

De l'ar - moire j'é - coutois tout ce tra -

Dans l'ar - moire Tu mé - ditois tes é -

cas.   A - me   noire,   Cette ar - - moire

cas.   Ah!

cas.   A - me   noire,   De   l'ar - moire

bats.   A - me   noire,   Dans l'ar - moire

Prouve   ton mau - dit tra - cas. Prouve   ton mau-

j'é - coutois tout ce   tra - cas, j'é - toutois tout

Tu   mé - ditois   tès é - bats, tu mé - ditois

dit tra - cas Prouve ton maudit tra - cas.

ce tra - cas j'é-coutois tous ce tra - cas.

tes é - bats. Ah!

(*Blaise & Blaisine mettent Mr. Pince*
& Me. Pince à la porte. Ils sortent en
se menaçant l'un l'autre.)

SCENE XI.

UN GARCON DE CABARET,
BLAISE ET BLAISINE.
LE GARCON.

Scavez-vous que Mathurin s'impatiente, &
que si vous ne venez pas, il va venir lui &
toute la nôce.

BLAISE.

Nous y allons.

BLAISINE,

A l'instant.

BLAISE *riant.*

Hé bien ! ma femme, ça ne vas pas mal comme tu vois, nous avons fait une assés bonne
journée : allons joindre la nôce & ne songeons
tout aujourd'hui qu'à nous bien divertir.

(*Ils s'embrassent.*)

DUO.

BLAISINE.

Dans le plus pai - fible mé - -

BLAISE.

BASSO.

ALLEGRO.

nage, Sou - vent pour un oui, pour un non,

Il ar - ri - ve quelque ta - page, ta -

page tapage ta-page.

Dans le plus pai-fible mé-

nage, Sou-vent pour un oui, pour un non,

Il ar--ri-ve quelque ta-pa-ge, tapour un oui,   pour un oui,

page tapage ta - page, pour un oui, pour un

non, l'home. & la femme hauffent le ton, hauffent le

pour un oui,   pour un oui,

ton hauffent le ton, pour un non, pour un

pour un oui, pour un non l'home. & la feme. hauffent le

non, pour un non, pour un non. l'homme & la

ton hauffent le ton hauffent le ton,

femme hauffent le ton hauffent le ton, Grand bruit a-

Grand bruit grand bruit

lors dans la mai - fon grand bruit a - lors dans la mai-

Blaife le Savetier

grand bruit a - lors dans la mai - fon, dans

fon grand bruit grand bruit dans

la maifon, dans la maifon. Mais

la maifon, dans la maifon.

quand l'amour dit qu'on fe taife,

Le bruit le

bruit s'ap - - pai - - - -

l'homme & la femme baiffent le ton,

fe,

Tout fe remet à l'uniffon,

Tout fe remet à l'unif - fon,

à l'unifà l'unif - - son,

son à l'unif - son,

à l'unif - son, à l'unif - son, à l'unif-

à l'unif - son, à l'unif - son, à l'unif-

fou.   Il ar-

son. Mais fouvent pour un oui, pour un   non.

rive quelque ta - page. Il ar-

pour un oui, pour un non,

rive quelque ta - page, pour un

Ta - page tapage ta - page,

oui, pour un non, pour un

Tapage ta - page,

oui, pour un non,   pour un oui,

Tapage ta - page,   pour un

pour un oui,   pour un oui, pour un oui. Grand

non,   pour un non, pour un non, pr. un non. Grand

bruit   grand bruit   grand bruit

bruit a - lors dans la mai-son, grand   bruit

grand bruit. Mais quand l'a-

dans la mai - fon.

mour dit qu'on fe tai - fe,

Le bruit le bruit s'ap-

pai - - - - fe,

l'homme & la femme baiſſent le ton,

baiſſent le ton,

Mais, mais pour un

Dans le plus pai - ſi - ble mé -

oui, pour un non,

nage, Il ar-ri-ve quelque ta-page.

Dans le plus pai-

Mais, mais pour un oui, pour un non,

fi-ble mé-nage, Il ar-ri-ve quelque ta-

page, - pour un non, pour un non, pour un

pour un oui, pour un oui, pour un oui,

non, pour un non, l'homme & la femme hauffent le

pour un oui, l'home. & la feme. hauff. le ton, hauffent le

ton, hauff. le ton, grand bruit alors dans la maifon grand

ton, hauff. le ton. Grand

bruit a - lors dans la maison, grand bruit grand

- bruit grand bruit grand bruit a-lors dans

bruit dans la maison dans la maison.

la mai-son dans la mai-son dans la maison.

Mais quand l'amour dit qu'on se taise,

Le bruit le

bruit s'ap - pai - - - - se,

l'homme & la femme hauffent le ton, baiffent le

baiffent le

ton, baiffent le ton.

ton, baiffent le ton. Tout fe remet à l'unif-

Tout fe re - met à l'unif - fon,   à l'unif-

fon,   à l'unif - - fon

fon,   à l'unif -

à l'uniffon,   à l'unif - fon

fon à l'unif - fon à l'unif - fon.

fon à l'unif - fon à l'unif - fon.

FIN.

CATALOGUE DE LIVRES DE MUSIQUE,

Qui se trouve à Liége, chez F. J. DESOER Libraire
& Imprimeur, sous la Tour St. Lambert,
à la Main d'or.

	flor.	sols
BLaise le Savetier, Opera Comique par Mr. S*** la Musique de M. Phillidor où se trouve de Duo, Trio, Quatuor & Quinto, le tout en Musique 8vo.	2	0
Chansons Originaire des Francs-Maçon, suivies de la Muse Maçonne, ou recueil de nouvelles Chansons sur la Maçonnerie, avec la Musique, à la Haye, in-8vo.	1	0
Le Jeu de Dez Harmonique ou *Ludus Melothedicus* contenant plusieurs calculs par lesquels toutes personnes peuvent composer differens Menuets avec l'accompagnement de Basse en jouant avec deux Dez, même sans sçavoir la Musique, in-quarto.	1	0
Le Peintre Amoureux de son modele, piéce en deux Actes Parodiée *del Pitore Innamorato*, interméde Italien, par Mr. Anseaume, avec les Ariettes en Musique, de la composition, *del Signor Duny*. in-8vo.	1	0
Les Ariettes de Ninette à la Cour, Parodie de Bertolde en trois Actes, avec la Musique in-8vo.	2	5
La Bohemienne, Comedie en deux Actes en vers, & en Musique, traduite de la *Zingara* interméde Italien, par M. Favart in-8vo.	1	10
La Servante Maîtresse, Comédie en deux Actes avec la Musique traduite de la *Serva Padrona*, interméde Italien in-8vo.	1	10
L'Eloge du Coucou, Cantate Françoise à voix seule avec la basse continue composée de trois Airs & deux Recits, le tout dans le goût Italien Liége Folio.	1	0
Nouvelle Methode pour apprendre par Theorie dans un mois de tems à Jouer du Violon divisé en trois Classes ; avec des leçons à deux Violon par Gradation par D. C. Tessarini D. Rimini. folio.	1	10
Nouvelle methode pour apprendre en peu de tems à Jouer de la Flutte Traversiere à l'usage des commençans & des personnes plus avancées, par Mahaut en Flamand & François enrichie de 10 Tables gravées en taille douce Paris, in-4to.	3	0
Recréations Harmoniques ou Recueil de Chansons Françoises, mêlées d'airs tendres & comique, &c. des plus nouveaux dans le goût Italien, avec la Basse continue, lesquels peuvent se jouer sur toutes sortes d'Instrumens, 12. Parties, in-quarto *Oblonge*.	7	10